O Melhor de Adoniran Barbosa

Nº Cat. - 281- A

Irmãos Vitale S/A Indústria e Comércio
Rua França Pinto, 42 - Vila Mariana - São Paulo
CEP. 04016-000 - Fone: 11 5081-9499- Fax: 11 5574-7388

© Copyright 2000 by Irmãos Vitale S. A. Ind. e Com. - São Paulo - Brasil.
Todos os direitos autorais reservados para todos os países. All rights reserved for all countries.

Dados Internacionais de Catalogação na Publicação (CIP)
(Câmara Brasileira do Livro, SP, Brasil)

Barbosa, Adoniran, 1910-1982.
O melhor de Adoniran Barbosa: melodias e cifras originais para guitarra, violão e teclados.
São Paulo: Irmãos Vitale

1. Guitarra - Música 2. Teclado - Música 3. Violão - Música I. Título.

00-2931

ISBN - 85-7407-097-1
ISBN - 978-85-7407-097-1

CDD-787.87
-786

Índices para catálogo sistemático
1. Guitarra : Melodias e cifras : Música   787.87
2. Teclado : Melodias e cifras : Música   786
3. Violão : Melodias e cifras : Música   787.87

créditos

capa
Ristow
Kupermann

layout, editoração eletrônica e musical
Ulisses de Castro

transcrição e revisão musical
Claudio Hodnik

entrada de notas
Roberto di Sordi

Gerência artística
José Mendes Amaral

prefácio
J. C. Botezelli - Pelão

Fotos fornecidas pela família

índice

Prefácio	5
Abrigo de vagabundo	11
Apaga o fogo Mané	14
As mariposa	16
Bom dia tristeza	18
Conselho de mulher	20
Despejo na favela	22
Iracema	25
Luz da light	27
Malvina	29
Mulher, patrão e cachaça	31
No morro da Casa Verde	35
Prova de carinho	37
Samba do Arnesto	38
Samba italiano	40
Saudosa maloca	42
Tiro ao Álvaro	46
Torresmo à milanesa	48
Trem das onze	51
Um samba no Bixiga	53
Viaduto Santa Efigênia	56
Vila esperança	58

Adoniran Barbosa

Adoniran Barbosa

Prefácio

Adoniran Barbosa foi, é e será sempre um dos nossos grandes compositores.

No dia 6 de Agosto de 1910, nasce em Valinhos, interior de São Paulo, João Rubinato, filho dos imigrantes venetos Fernando Rubinato e Emma Rubinato Riccini, que mais tarde (1935) adotaria o nome artístico de Adoniran Barbosa. Adoniran de um amigo que trabalhava nos Correios e Barbosa do grande sambista Luiz Barbosa.

Saiu de Valinhos, foi para Jundiaí, depois Santo André e finalmente chegou a São Paulo em 1928. Teve várias profissões: entregador de marmita, varredor de fábrica, pintor de parede, carregador de malas, metalúrgico, tecelão, mascate, garçon e tantas outras.

Personagem barbosinha do programa "Escolinha Risonha e Franca" produzido por Osvaldo Moles - década de 40/50

Adoniran Barbosa - década de 40/50

Em suas andanças passava sempre pelo Largo da Misericórdia onde, desde 1927, ficava a Rádio Cruzeiro do Sul. Somente em 1933 viria a participar de um Programa de Calouros apresentado por Celso Guimarães, nessa mesma Rádio, cantando a música "Filosofia" de Noel Rosa.

Depois da Cruzeiro do Sul, Adoniran fez um teste na Rádio São Paulo, então na Rua 7 de Abril. No final, o responsável pelo Programa, o locutor Jorge Amaral falou: "Tua voz é boa para acompanhar defunto". Ele não desistiu e, em 34, com o capixaba J. Aimberê, fêz a marcha "Dona Boa", para o carnaval oficial da Prefeitura, tirando o primeiro lugar.

No final de 1935 gravou seu primeiro disco na Colúmbia (depois Continental e hoje Warner Music) - n° 8.171, lançado em fevereiro de 1936, "O Samba Agora Pode Chorar", com José Nicolini, seu primeiro parceiro.

Apesar de ter composto outras tantas músicas com José Nicolini e outros parceiros, ele deixou a música e foi para a Rádio Record, a convite de Otávio Gabus Mendes, como rádio-ator. Já conhecia Osvaldo Moles, do Correio Paulistano, profundo conhecedor do povo desta cidade.

Moles, criou vários tipos como Moisés Rabinovich, o judeu da Rua José Paulinho, o francês Jean Rubinet, o professor de inglês Charles More Tradução, o malandro Zé Cunversa, o veneto Ismar Gatti e, o mais famoso deles, Charutinho... "o Charutinho criou muita coisa engraçada. Tudo do Moles. Não pense que é meu não, que é só criação minha: Dispois que nóis vai, dispois que nóis vorta; Chora na rampa, negão; Aqui, Gerarda..." (Dep. de Adoniran)

Teve muitos parceiros como Osvaldo Moles, Marcos César, Hervé Cordovil, Antonio Rago, Copinha, Manezinho Araújo, José Nicolini, Frazão, Vinícius de Moraes, Oswaldo França, Carlinhos Vergueiro, Eduardo Gudin e muitos outros. Mas a maior parte de seus grandes sucessos são somente de sua autoria, como "Saudosa Maloca", "Trem das Onze", "Samba Italiano", "Abrigo de Vagabundos", "Iracema", "As Mariposas", "Um Samba no Bixiga" e outros tantos mais.

Nosso querido Adoniran nos deixou outras duas jóias raras: sua filha Maria Helena e seu neto Alfredo, além de um monte de amigos. Que pelo cheiro e a fragância de sua música no ar, o mesmo da Padaria São Domingos, com o olhar atento de D. Anita, lembrança de uma cidade e de seu povo.

Década de 50
Adoniran mostrando a um amigo,
um brinquedo (bicicleta)
que ele mesmo construiu

Adoniran e Pelão, no lançameno de seu disco em São Paulo

Ele tem uma história de vida e de dia-a-dia, de observador do cotidiano. Desde o grupo Escolar Coronel Siqueira Sampaio, em Jundiaí, onde tinha o número 245, - elefante no jogo do bicho, em que aliás ele sempre jogou e nunca deu, ao Liceu de Arte e Ofícios, em São Paulo, Adoniran andava e observava sua gente e sua cidade.

Como diz o Prof. Antônio Cândido - o maior pensador de todos os tempos do povo brasileiro e da construção de uma nação: ..."A fidelidade à música e à fala do povo permitiram a Adoniran exprimir a sua Cidade de modo completo e perfeito. São Paulo muda muito, e ninguém é capaz de dizer aonde irá." Mas a cidade que nossa geração conheceu (Adoniran é de 1910) foi a que se sobrepôs à velha cidadezinha caipira, entre 1900 e 1950; e que desde então vem cedendo lugar a uma outra, transformada em vasta aglomeração de gente vinda de toda parte. A nossa cidade, que substituiu a São Paulo estudantil e provinciana, foi a dos mestres-de-obra italianos e portugueses, dos arquitetos de inspiração neo-clássica, floral e neo-colonial, em camadas sucessivas. São Paulo dos palacetes franco-libaneses do Ipiranga, das vilas uniformes do Brás, das casas meio francesas de Higienópolis, da salada da Avenida Paulista. São Paulo da 25 de Março dos sírios, da Caetano Pinto dos espanhóis, das Rapaziadas do Brás, - na qual se apurou um novo modo cantante de falar do português, como língua geral na convergência dos dialetos peninsulares e do baixo-contínuo vernáculo. Esta cidade que está acabando, que já acabou com a garoa, os bondes, o trem da Cantareira, o Triângulo, as cantinas do Bexiga, Adoniran não a deixará acabar, porque graças a ele ela ficará, misturada vivamente com a nova mas, como o quarto do poeta, também "intacta, boiando no ar".

J. C. Botezelli - Pelão

Adoniran Barbosa

Adoniran Barbosa

Abrigo de Vagabundo

Adoniran Barbosa

[Em] [Bm] [F#7] [B7]

Introdução: Em - Bm - Em - F#7 - Bm - F#7

Bm   F#7   Bm
Eu arranjei o meu dinheiro
        F#7   Bm
Trabalhando o ano inteiro
                      F#7
Numa cerâmica, fabricando pote

E lá no alto da Moóca, eu comprei um lindo lote
         Em   F#7
Dez de frente e dez de fundo
                Bm   F#7
Construí minha maloca
Bm   Em   Bm
Me disseram, que sem planta não se pode construir
         B7   Em
Mas quem trabalha, tudo pode conseguir

                                            Bm
João Saracura, que é fiscal da prefeitura
         F#7   Bm
Foi um grande amigo, arranjou tudo prá mim
          F#7   Bm
Por onde andará, Joca e Mato-Grosso
          F#7   Em   Bm
Aqueles dois amigos, que não quis me acompanhar
       F#7   Em   Bm
Andaram jogados na avenida S. João
          F#7   Bm   B7
Ou vendo o sol quadrado, na detenção

REFRÃO
       Em   Bm
 ┌ Minha maloca, a mais linda que eu já vi
         F#7   Bm   B7
 │ Hoje está legalizada, ninguém pode demolir
BIS   Em   Bm
 │ Minha maloca a mais linda desse mundo
           F#7   Bm
 └ Ofereço aos vagabundo, que não tem onde dormir

Abrigo de Vagabundo

Copyright © 1.959 by IRMÃOS VITALE S/A INDÚSTRIA E COMÉRCIO
Todos os direitos autorais reservados para todos os países.
All Rights Reserved. International Copyright Secured.

Eu___ ar - ran - jei o meu___ di - nhei___ ro Tra - ba - lhan - do_o a - no_in - tei___
- ro___ Nu - ma__ ce - râ__ mi - ca, fa - bri - can__ do po__
- te___ E lá no al - to__ da Moó__ ca, eu com - prei um lin__ do lo__
- te Dez de fren - te_e dez__ de fun__ do__ Cons - tru - í mi - nha ma - lo__
- ca Me dis - se - ram, que sem plan - ta não__ se po__ de cons - tru - ir__
Mas quem__ tra - ba__ lha, tu - do po - de con - se - guir__
João Sa - ra - cu__ ra, que_é fis - cal da pre__ fei - tu__ ra
Foi um gran - de_a - mi - go, ar - ran - jou tu - do__ prá mim__

Por onde_andará, Jo-ca_e Ma-to-Gros-so A-
queles dois_a-mi-gos, que não quis me_a-com-pa-nhar
An-da-ram jo-ga-dos na_A-ve-ni-da São Jo-ão Ou-
vendo_o sol qua-dra-do, na de-ten-ção Mi-nha ma-
lo-ca, a mais lin-da que_eu já vi Ho-je_es-tá le-ga-li-za-
da, nin-guém po-de de-mo-lir Mi-nha ma-
lo-ca a mais lin-da des-se mun-do O-fe-re-ço_aos va-ga-bun-
do, que não tem on-de dor-mir Mi-nha ma

repetir várias vezes e fade out

Apaga o fogo Mané

Adoniran Barbosa

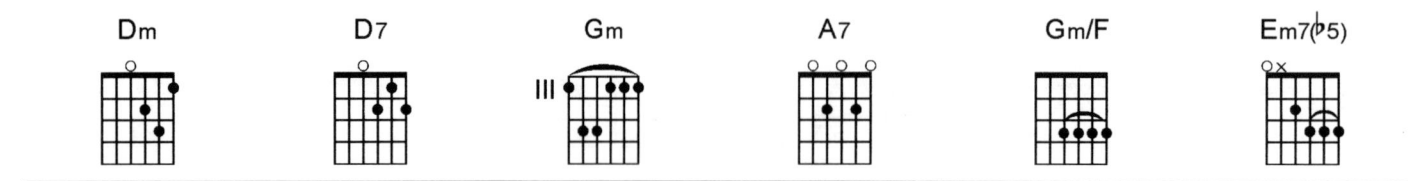

[Chord diagrams: Dm, D7, Gm, A7, Gm/F, Em7(♭5)]

Introdução: Dm - D7 - Gm - A7 - Dm - A7

```
Dm                D7              Gm
Inês saiu, dizendo que ia comprá um pavio pro lampião
            A7              Dm  A7
Pode me esperar Mané, eu já volta já
Dm              D7           Gm
Acendi o fogão, botei água prá esquentá
Gm/F    Em7(♭5)    A7        Dm  A7
E fui pro portão só prá ver Inês chegá
Dm            D7      Gm
Anoiteceu e ela não voltou
              Dm        A7           Dm
Fui prá rua feito louco prá sabê o que aconteceu
```

```
Dm                                              A7
Procurei na central, procurei no hospital e no xadrez
                                       Dm
Andei a cidade inteira e não encontrei Inês
              D7          Gm
Voltei prá casa triste demais
Gm/F    Em7(♭5)   A7     Dm  A7
O que Inês me fez, não se faz
         Dm       D7       Gm
E no chão bem perto do fogão
     A7                  Dm
Encontrei um bilhete escrito assim:
```

REFRÃO (Repetir várias vezes - fade out)
```
              A7                         Dm
Pode apagar o fogo Mané, que eu não volto mais
              A7                         Dm
Pode apagar o fogo Mané, que eu não volto mais
```

Apaga o fogo Mané

[Sheet music: introdução in 2/4, key of Dm, with chord symbols Dm, D7, Gm, A7, Dm, A7]

[Sheet music with voz: Dm, D7, Gm — lyrics: I-nês__ sa-iu,__ di-zen-do que i-a com-prá_um pa-vio pro lam__pi-ão__]

Copyright © 1.956 by IRMÃOS VITALE S/A INDÚSTRIA E COMÉRCIO
Todos os direitos autorais reservados para todos os países.
All Rights Reserved. International Copyright Secured.

A7 Dm
_ Po - de me_es - pe - rar Ma - né, eu já vol - to já
A7 Dm D7 Gm
_ A - cen - di_o fo - gão, bo - tei á - gua prá_es - quen - tá
Gm/F Em7(♭5) A7 Dm
E fui pro por - tão só prá ver I - nês che - gá
A7 Dm D7 Gm
_ A - noi - te - ceu e e - la não vol - tou Fui prá
Dm A7 Dm
ru - a fei - to lou co prá sa - bê o_que_a - con te - ceu
A7
Pro - cu - rei na cen - tral, pro - cu - rei no_hos - pi - tal e no xa - drez An -
Dm
dei a ci - da - de_in - tei ra e não en - con - trei I - nês
D7 Gm Gm/F Em7(♭5)
_ Vol - tei prá ca sa tris - te de - mais O que_I - nês me fez,

[Sheet music excerpt with lyrics:]

não___ se faz___ E no chão___ bem per - to do___ fo - gão___ En - con - trei___ um bi - lhe - te_es - cri - to_as - sim:___

refrão
Po - de_a - pa - gar o fo___ go Ma - né, que_eu não vol___ to mais___

Ao %
refrão e
fade out

As Mariposa

Adoniran Barbosa

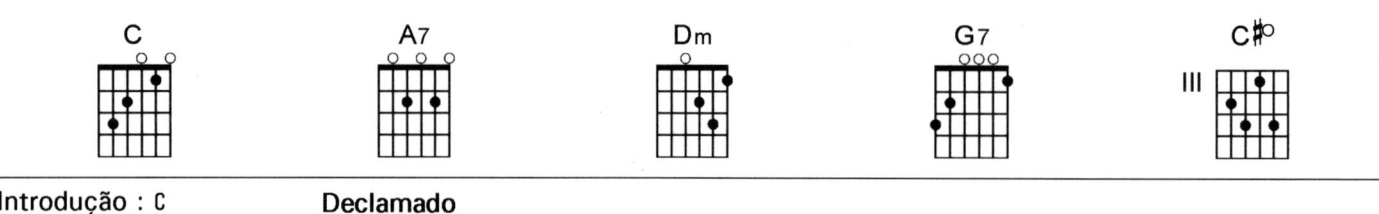

[Chord diagrams: C, A7, Dm, G7, C#º]

Introdução : C   **Declamado**

- Boa noite lâmpida
  - Permita-me oscular-lhe a sua face
    - Pois não, mas rápido porque daqui a pouco eles me apaga

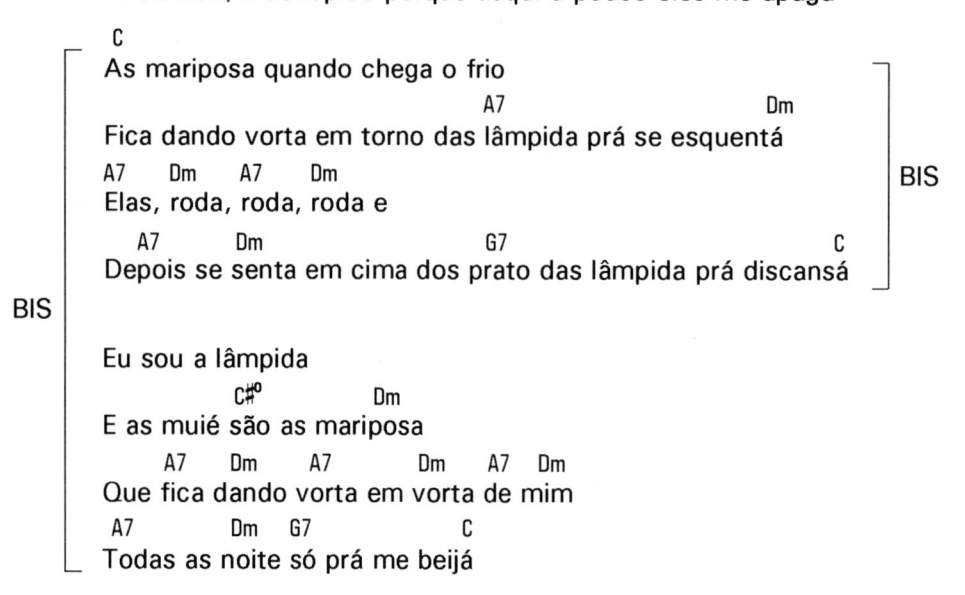

```
        C
     ┌  As mariposa quando chega o frio
     │                         A7            Dm
     │  Fica dando vorta em torno das lâmpida prá se esquentá
     │  A7   Dm   A7   Dm                                      ┐
     │  Elas, roda, roda, roda e                               │ BIS
     │  A7    Dm            G7                  C              │
     │  Depois se senta em cima dos prato das lâmpida prá discansá
BIS  ┤
     │  Eu sou a lâmpida
     │            C#º     Dm
     │  E as muié são as mariposa
     │         A7    Dm    A7   Dm   A7  Dm
     │  Que fica dando vorta em vorta de mim
     │  A7      Dm   G7          C
     └  Todas as noite só prá me beijá
```

As Mariposa

Declamado
- Boa noite lâmpida
- Permita-me oscular-lhe a sua face?
- Pois não, mas rápido porque daqui a pouco eles me apaga

As ma—ri-po—sa quan-do che—ga_o frio—
Fi - ca dan—do vor—ta_em tor - no das lâm - pi - da prá se_es-quen - tá—
E - las, ro—da, ro - da, ro - da_e De - pois se sen - ta—
em ci - ma dos pra—to das lâm-pi-da— prá dis-can-sá— Eu
sou— a lâm - pi - da— E as— mui - é são as ma—ri-po—
— sa— Que fi - ca dan - do vor-ta_em vor - ta— de mim—
To-das_as noi— te— só prá me bei - já—

Ao 𝄋 e FIM
FIM

Copyright © 1.955 by IRMÃOS VITALE S/A INDÚSTRIA E COMÉRCIO
Todos os direitos autorais reservados para todos os países.
All Rights Reserved. International Copyright Secured.

Bom dia Tristeza

Adoniran Barbosa
Vinícius de Moraes

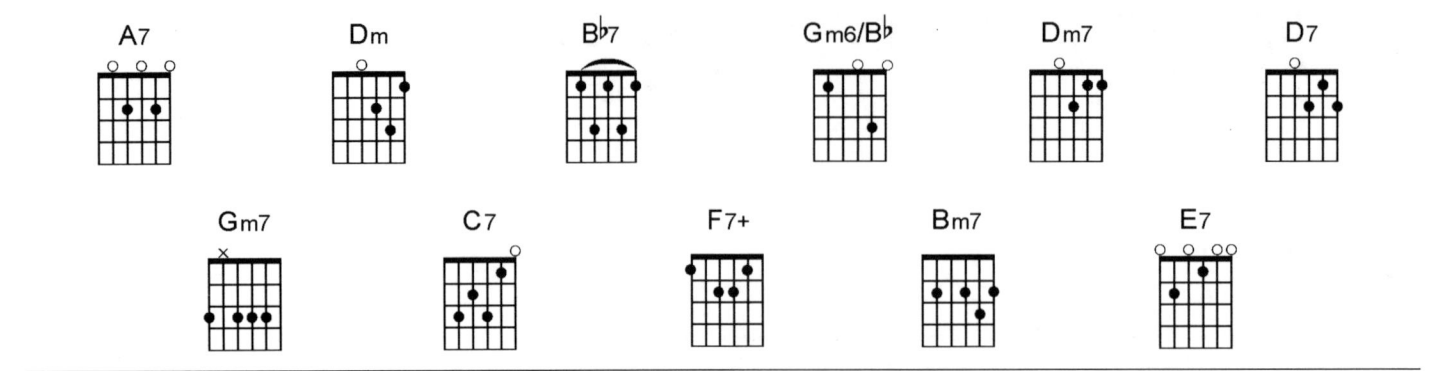

[Chord diagrams: A7, Dm, B♭7, Gm6/B♭, Dm7, D7, Gm7, C7, F7+, Bm7, E7]

A7   Dm
Bom dia tristeza
A7   Dm
Que tarde tristeza
        B♭7   A7
Você veio hoje me ver
Gm6/B♭   A7
Já estava ficando
Gm6/B♭   A7
Até meio triste
            Dm7
De estar tanto tempo
A7   Dm D7
Longe de você
	Gm7 C7
	Se chegue tristeza
	       F7+
	Se sente comigo
	  B♭7 A7 D7
	Aqui nesta mesa de bar
	        Gm7 A7
	Beba do meu copo
	        Dm
	Me dê o seu ombro
	  Bm7 E7 A7
	Que é para eu chorar
	         B♭7 A7
	Chorar de triste - za
	       Dm
	Tristeza de amar

Bom dia Tristeza

[Sheet music: 2/4 time, key of D minor. Melody line with lyrics: "Bom di-a tris-te-za___ Que tar-de tris-te-za___ Vo-cê___ vei-o ho___je me ver" with chords A7, Dm, A7, Dm, B♭7, A7]

Copyright © 1.957 by EDIÇÕES MUSICAIS ARAPUÃ LTDA - 100%
Todos os direitos autorais reservados para todos os países.
All Rights Reserved. International Copyright Secured.

| Gm6/B♭ | A7 | Gm6/B♭ | A7 |

Já es-ta-va fi-can-do___ A-té mei-o tris-te___

| | Dm7 | A7 | Dm |

De_es-tar tan-to tem-po___ Lon-ge de vo-cê

| D7 | Gm7 | C7 | F7+ |

Se che-gue tris-te-za___ Se sen-te co-mi-go___

| | B♭7 | | A7 |

A-qui___ nes-ta me-sa de bar

| D7 | Gm7 | A7 | Dm |

Be-ba do meu co-po___ Me dê o seu om-bro___

| | Bm7 | E7 | A7 |

Que é___ pa-ra eu cho-rar

| | B♭7 | A7 | Dm |

Cho-rar de tris-te-___za Tris-te-za de_a-mar

Conselho de Mulher

Adoniran Barbosa
Oswaldo Moles
J. Belarmino dos Santos

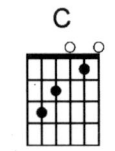

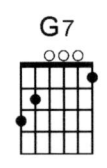

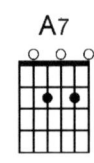

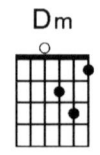

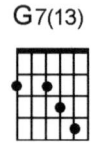

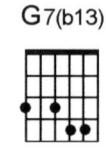

[Chord diagrams: C, G7, A7, Dm, G7(13), G7(b13)]

Falado

Quando DEUS fez o homem,
    Quis fazer um vagolino que nunca tinha fome e tinha no destino nunca pegá no batente,
      vivê forgadamente.
    O homem era feliz, equanto DEUS assim quis, mas depois pegou Adão, tirou uma costela e fez a mulhé,
      desde então o homem trabalha prá ela.
    Vai daí o homem resa todo dia uma oração. Se quiser tirar de mim alguma de bom que me tire o trabalho,
      a mulhé não.

BIS
```
     C  G7      C
    Pogressio, pogressio
         G7       C
    Eu sempre escuitei falá
     A7          Dm
    Pogressio vem do trabaio
         G7(13)    G7(b13) C
    Então amanhã cedo nóis vai trabaiá
```

```
     Dm          G7           C
    Quanto tempo, nóis perdemo na boemia
      A7           Dm
    Sambando noite e dia
                   G7        C   A7
    Contando uma rama sem parar
                                      Dm
    E agora escuitando o conselho da mulher
                       G7(13)  G7(b13)  C
    Amanhã vou trabaiá, seu DEUS quisé
                     G7
    (Mas DEUS não quer)
```

Conselho de Mulher

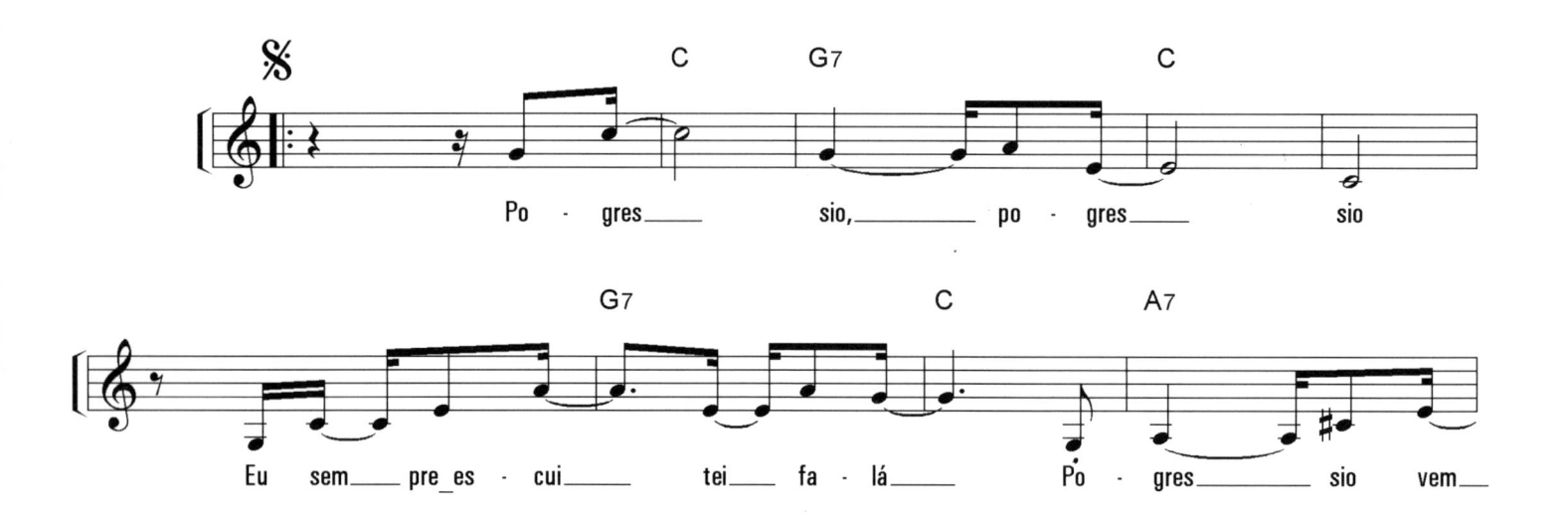

[Musical notation with lyrics:]
Po - gres___ sio,___ po - gres___ sio
Eu sem - pre_es - cui___ tei__ fa - lá   Po - gres___ sio vem__

Copyright © 1.956 by IRMÃOS VITALE S/A INDÚSTRIA E COMÉRCIO
Todos os direitos autorais reservados para todos os países.
All Rights Reserved. International Copyright Secured.

| Dm |
| do traba-i o En-tão a-ma-nhã ce |

| G7(13) | G7(b13) | C |
| do nóis vai tra bai á |

| Dm | G7 |
| Quan-to tem-po, nóis per-de-mo na bo-e-mi |

| C | A7 |
| a Sam-ban-do noi-te e di |

| Dm | G7 | C |
| a Con-tan-do u-ma ra-ma sem pa-rar |

| A7 |
| E a-go-ra es-cui-tan-do o con-se-lho da mu-lher |

| Dm | G7(13) |
| A-ma-nhã vou tra bai á, seu DEUS |

| G7(b13) | C | G7 |
| qui sé (Mas DEUS não quer) FIM Po-gres

Ao 𝄋 e FIM

Despejo na Favela

Adoniran Barbosa

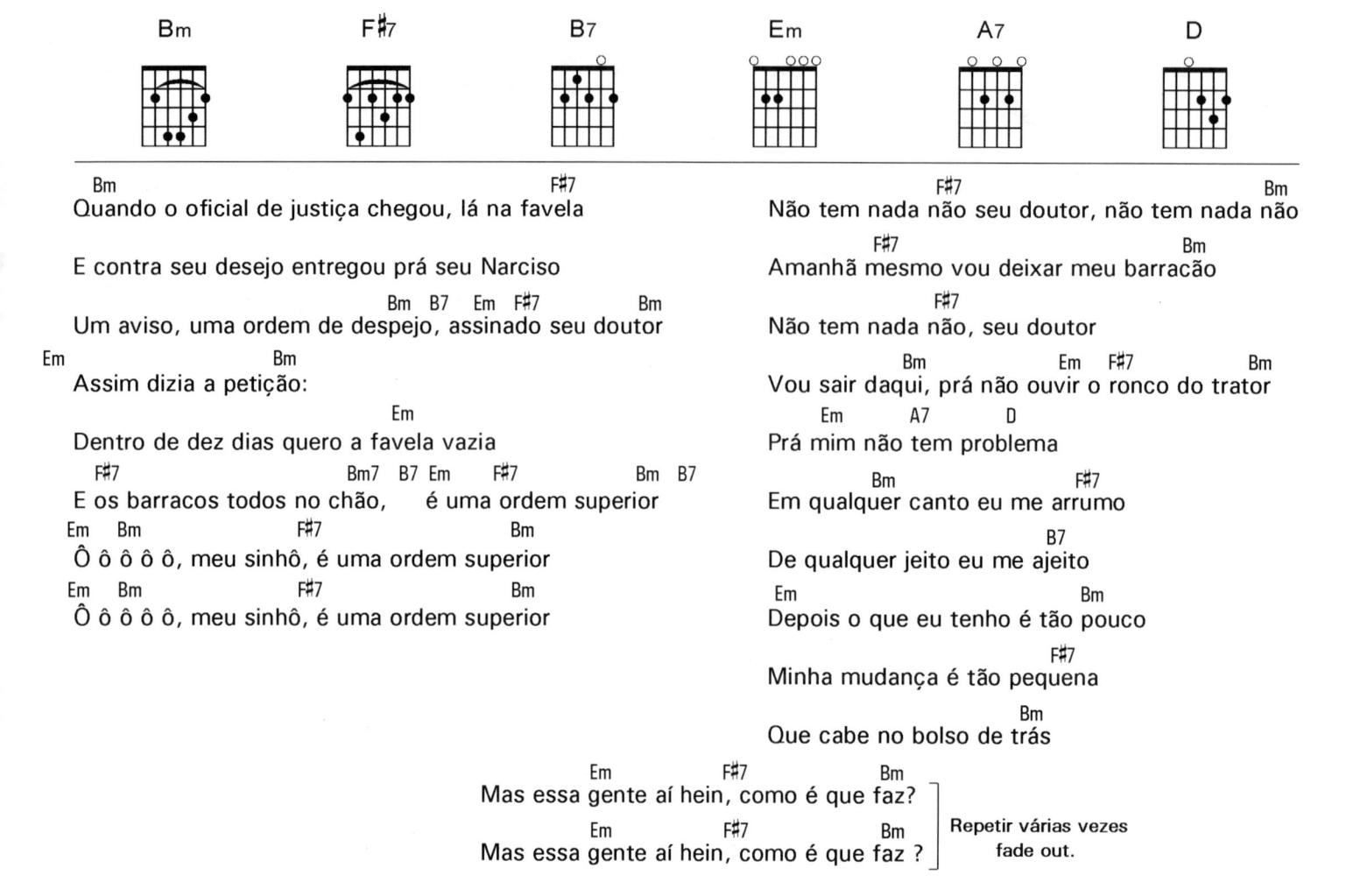

Bm   F#7   B7   Em   A7   D

Bm
Quando o oficial de justiça chegou, lá na favela

E contra seu desejo entregou prá seu Narciso
                               Bm B7 Em F#7   Bm
Um aviso, uma ordem de despejo, assinado seu doutor

Em   Bm
Assim dizia a petição:
                                 Em
Dentro de dez dias quero a favela vazia
F#7   **Bm7 B7 Em F#7   Bm B7**
E os barracos todos no chão,   é uma ordem superior
Em Bm   F#7   Bm
Ô ô ô ô ô, meu sinhô, é uma ordem superior
Em Bm   F#7   Bm
Ô ô ô ô ô, meu sinhô, é uma ordem superior

                          F#7   **Bm**
Não tem nada não seu doutor, não tem nada não
               F#7   **Bm**
Amanhã mesmo vou deixar meu barracão
               F#7
Não tem nada não, seu doutor
                Bm   **Em F#7**   **Bm**
Vou sair daqui, prá não ouvir o ronco do trator
      Em   **A7**   **D**
Prá mim não tem problema
        Bm   **F#7**
Em qualquer canto eu me arrumo
                      B7
De qualquer jeito eu me ajeito
  Em   **Bm**
Depois o que eu tenho é tão pouco
                  F#7
Minha mudança é tão pequena
                      Bm
Que cabe no bolso de trás
   Em   **F#7**   **Bm**
Mas essa gente aí hein, como é que faz?
   Em   **F#7**   **Bm**
Mas essa gente aí hein, como é que faz?

Repetir várias vezes fade out.

Despejo na Favela

Copyright © 1.969 by IRMÃOS VITALE S/A INDÚSTRIA E COMÉRCIO
Todos os direitos autorais reservados para todos os países.
All Rights Reserved. International Copyright Secured.

_ jo___ en - tre - gou___ prá seu___ Nar - ci___ so___
Bm B7
_ Um a - vi___ so, u - ma or - dem de___ des - pe___ jo,___
Em F♯7 Bm Em
_ as - si - na___ do seu dou - tor___ As - sim di - zi___
Bm
_ a_a pe - ti - ção:___ Den - tro de dez di___ as que - ro_a fa -
Em F♯7 Bm B7
ve - la___ va - zia___ E os bar - ra - cos to - dos no chão,___
Em F♯7 Bm B7 Em
é_u - ma or - dem___ su - pe - ri - or___ Ô ô
Bm F♯7
ô___ ô ô,___ meu si - nhô, é u - ma or - dem___ su - pe___
1.
Bm F♯7 Bm
_ ri - or___ or - dem___ su - pe___ ri - or___ Não tem na - da não___
2.

seu dou-tor, não tem na-da não___ A-ma-nhã mes___ mo vou dei-xar meu bar-ra-cão___ Não tem na-da não,___ seu dou-tor Vou sa-ir da-qui,___ prá não___ ou-vir___ o ron-co do___ tra-tor___ Prá mim não tem___ pro-ble-ma___ Em qual-quer can-to eu me ar-ru___ mo De qual-quer jei-to me a-jei-to___ De-pois o que eu te-nho é tão pou___ co Mi-nha mu-dan-ça é tão pe-que___ na Que ca-be no bol-so___ de trás___ Mas es-sa gen___ te a-í___ hein, co-mo é que faz?___

Iracema

Adoniran Barbosa

[Chord diagrams: G, F#7, Bm, B7, Em, C#m7(b5)]

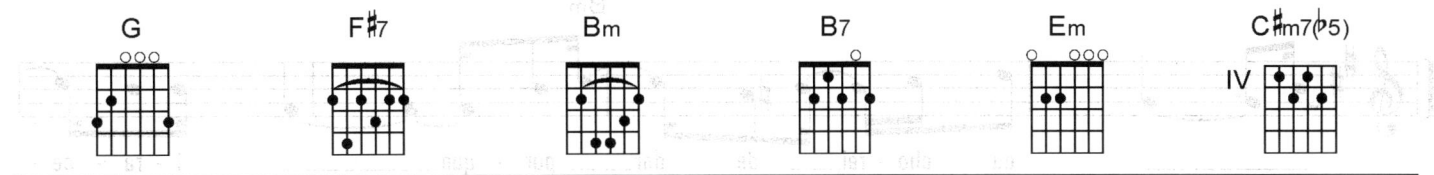

Introdução : G - F#7 - Bm - F#7

| Bm | F#7 | Bm |
Iracema, nunca mais eu te vi
| B7 | | Em |
Iracema, meu grande amor foi embora
| | Bm | |
Chorei, eu chorei de dor porque
| F#7 | | Bm |
Iracema, meu grande amor foi você
| F#7 | | Bm |
Iracema   eu sempre dizia
| B7 | | Em |
Cuidado ao travessar estas rua
| | Bm | |
Eu falava, mas você não me escuitava, não
| F#7 | | Bm |
Iracema, você travessou contramão

REFRÃO
| C#m7(b5) | F#7 | Bm |
E hoje, ela vive lá no céu
| C#m7(b5) | F#7 | Bm |
Ela vive bem juntinho de Nosso Senhor
| Em | F#7 | Bm |
De lembrança, guardo somente, suas meia e teu sapato
| G | F#7 | Bm |
Iracema, eu perdi o teu retrato

Falado:

Iracema Faltava vinte dias pro nosso casamento,
que nóis ia se casá
Você travessou a rua São João,
vem um carro e te pincha no chão,
você foi pra sistência, o chofer não teve culpa,
Iracema, paciência.
REFRÃO

Iracema

[Sheet music: introdução, G F#7 Bm F#7, voz — "I-ra-ce-ma, nun-ca mais eu te vi I-ra-ce-"]

Copyright © 1.956 by IRMÃOS VITALE S/A INDÚSTRIA E COMÉRCIO
Todos os direitos autorais reservados para todos os países.
All Rights Reserved. International Copyright Secured.

B7 Em
ma, meu gran - de_a - mor foi em - bo ra Cho - rei,
Bm
eu cho - rei de dor por - que I - ra - ce -
F♯7 Bm
ma, meu gran - de_a - mor foi vo - cê I - ra - ce -
F♯7 Bm
ma eu sem - pre di - zi - a Cui - da -
B7 Em
do ao tra - ves - sar es - tas ru a Eu fa - la -
Bm
va, mas vo - cê não me_es cui - ta va, não I - ra - ce -
F♯7 Bm
ma, vo - cê tra - ves - sou con - tra - mão E ho -
C♯m7(♭5) F♯7 Bm
je, e - la vi - ve lá no céu E - la vi -

| C#m7(b5) | F#7 | Bm |

ve__ bem jun-ti-nho de Nos-so Se-nhor___ De lem-bran-

| Em | F#7 | Bm |

ça, guar-do so-men-te,___ tu-as mei-a_e teu sa-pa___to I-ra-ce-

| G | F#7 | Bm | F#7 |

ma,___ eu per-di o teu___ re-tra___to___ FIM   I-ra-ce

Ao 𝄋 e FIM

Luz da Light

Adoniran Barbosa

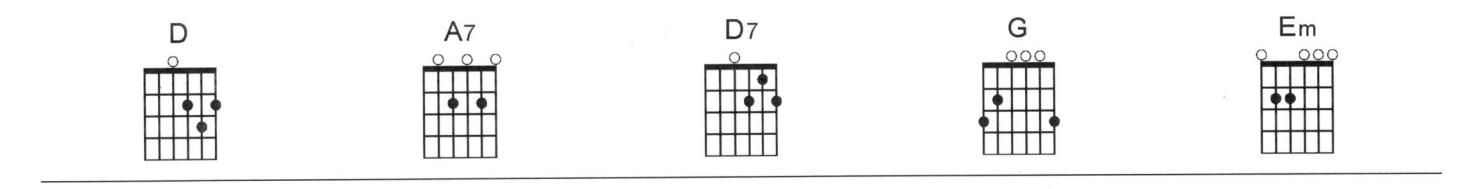

D   A7   D7   G   Em

```
       D                       A7
Lá no morro quando a luz da láite pifa

                                     D
Agente apela prá vela, que ilumina também
            D7           G
Quando tem se, não tem não faz mal
            D     Em  A7   D
Agente samba no escuro que é muito mais legal
```

```
                A7                    D
Quando isso acontece é um grito de alegria
            A7                         D
A torcida é grande prá luz voltar só noutro dia
         G                               D
Mas o seu Amora que é dono da casa, estranha a demora
                       A7                D   A7
E acha impossível, vai ver se alguém passou a mão no fuzil
```

```
       D                       A7
Lá no morro quando a luz da láite pifa

                                     D
Agente apela prá vela, que ilumina também
            D7           G
Quando tem se, não tem não faz mal
            D7    Em  A7   D
Agente samba no escuro que é muito mais legal
```

Luz da Light

Lá no morro quando a luz da láite pifa
A gente apela prá vela, que ilumina também
Quando tem se, não tem, não faz mal
A gente samba no escuro que é muito mais legal

FIM

Quando isso acontece é um grito de alegria
A torcida é grande prá luz voltar só no outro dia
Mas o seu Amo ra que é dono da casa, estranha a demora
E acha impossível, vai ver se alguém passou a mão no fuzil, passou a mão no fuzil
Lá no mor—

Ao 𝄋 e FIM

Copyright © 1.964 by IRMÃOS VITALE S/A INDÚSTRIA E COMÉRCIO
Todos os direitos autorais reservados para todos os países.
All Rights Reserved. International Copyright Secured.

Malvina

Adoniran Barbosa

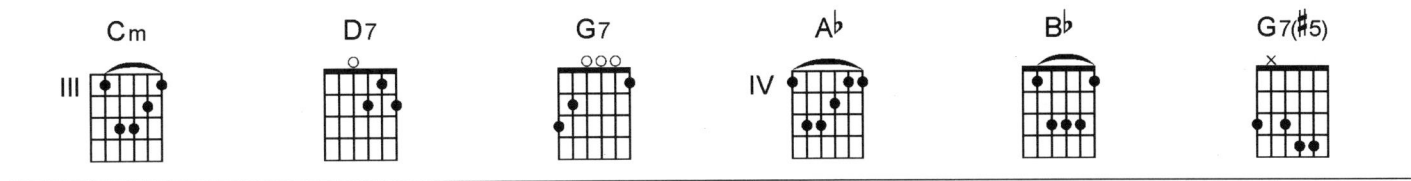

Cm   D7   G7   A♭   B♭   G7(♯5)

Introdução : Cm - D7 - G7 - Cm - A♭ - G7

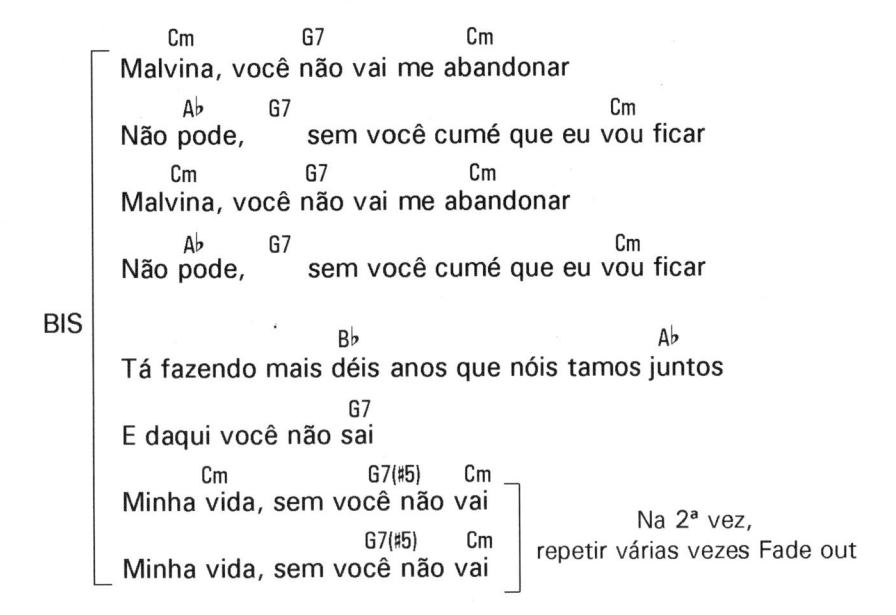

BIS
```
        Cm         G7        Cm
        Malvina, você não vai me abandonar
        A♭       G7                      Cm
        Não pode,    sem você cumé que eu vou ficar
        Cm         G7        Cm
        Malvina, você não vai me abandonar
        A♭       G7                      Cm
        Não pode,    sem você cumé que eu vou ficar
                     B♭                  A♭
        Tá fazendo mais déis anos que nóis tamos juntos
                 G7
        E daqui você não sai
        Cm      G7(♯5)  Cm
        Minha vida, sem você não vai
                G7(♯5)  Cm
        Minha vida, sem você não vai
```
Na 2ª vez, repetir várias vezes Fade out

Malvina

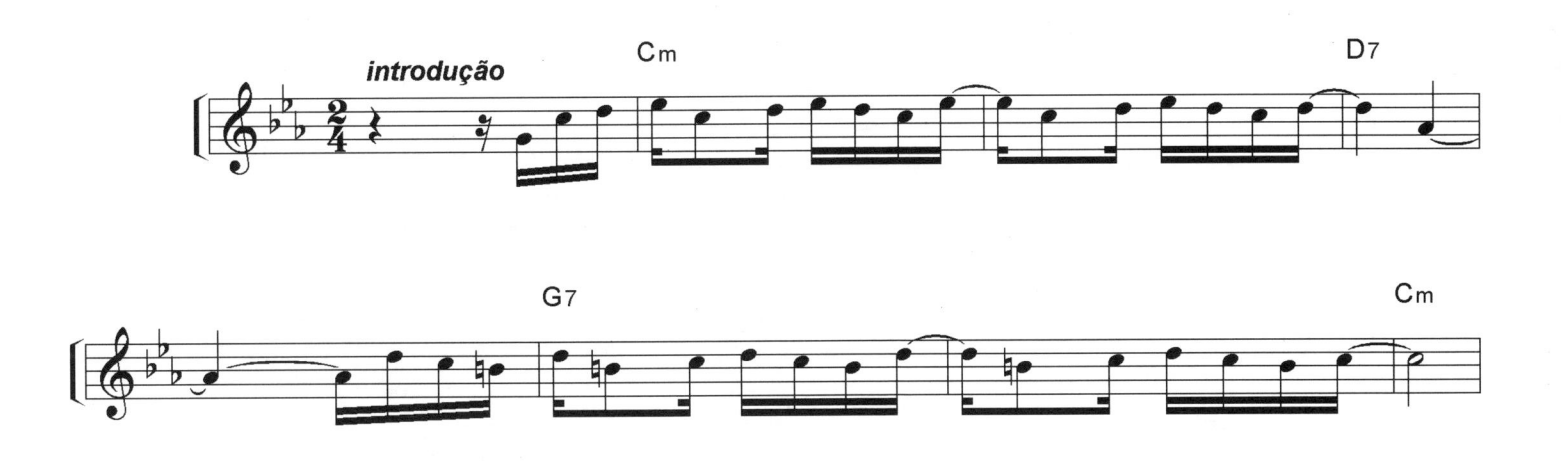

Copyright © 1.951 by IRMÃOS VITALE S/A INDÚSTRIA E COMÉRCIO
Todos os direitos autorais reservados para todos os países.
All Rights Reserved. International Copyright Secured.

A♭ G7 voz Cm
Mal - vi na, vo - cê
G7 Cm A♭
não vai me a - ban do - nar Não po de,
G7 Cm 1.
sem vo - cê cu - mé que_eu vou fi - car
Cm 2. Cm
Mal - vi fi - car Tá fa - zen - do mais de déis
B♭ A♭
a - nos que nóis ta mos jun tos E da - qui vo - cê não sa
G7 refrão Cm G7(♯5)
i Mi - nha vi da, sem vo - cê não va
Cm 1. Cm 2.
i Mi - nha vi Mal - vi
Ao 𝄋 e refrão

Mulher, Patrão e Cachaça

Adoniran Barbosa
Oswaldo Moles

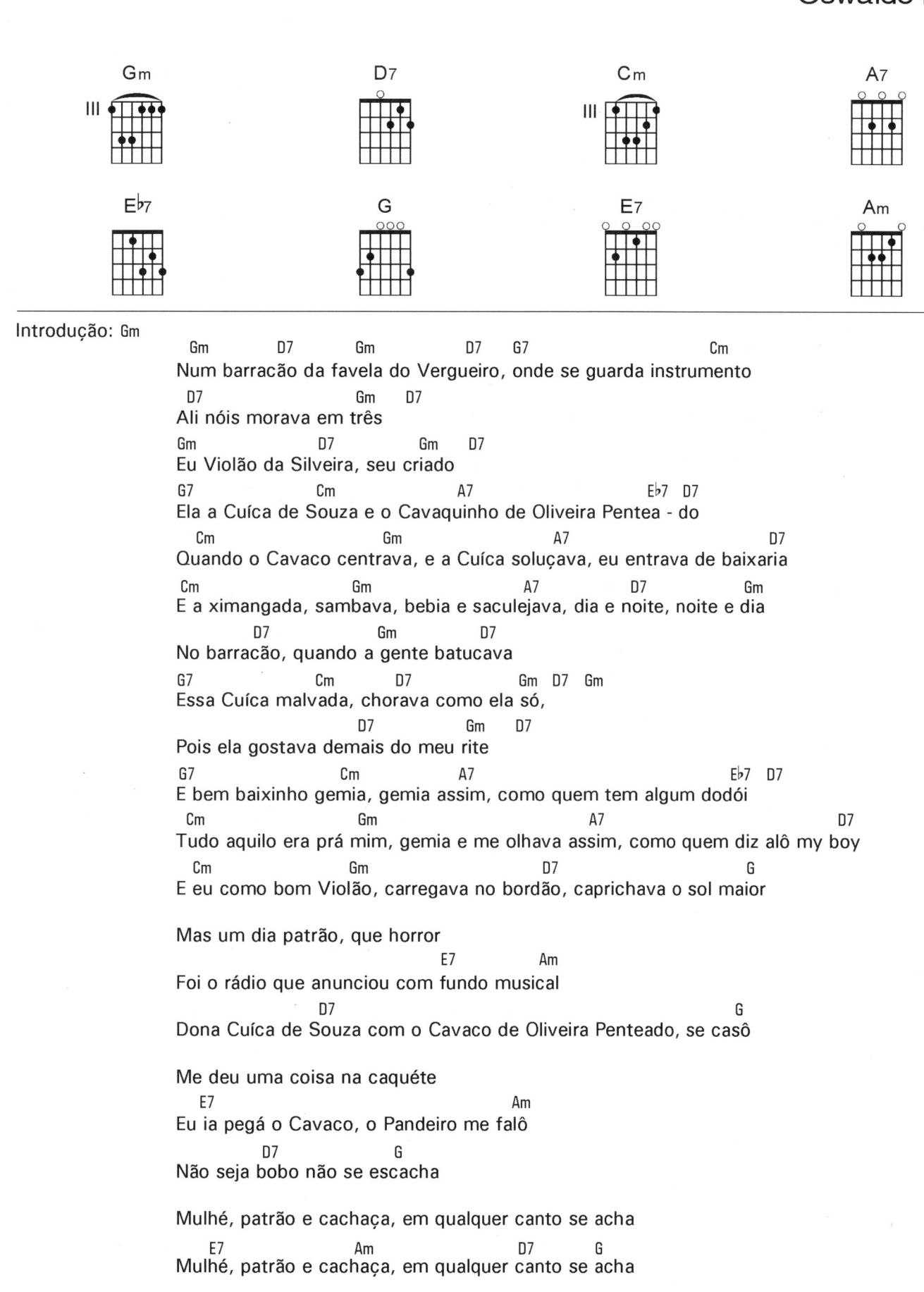

[Chord diagrams: Gm, D7, Cm, A7, Eb7, G, E7, Am]

Introdução: Gm

```
      Gm       D7    Gm       D7 G7                    Cm
Num barracão da favela do Vergueiro, onde se guarda instrumento
  D7         Gm   D7
Ali nóis morava em três
  Gm             D7    Gm   D7
Eu Violão da Silveira, seu criado
  G7             Cm          A7                 Eb7  D7
Ela a Cuíca de Souza e o Cavaquinho de Oliveira Pentea - do
    Cm            Gm               A7                      D7
Quando o Cavaco centrava, e a Cuíca soluçava, eu entrava de baixaria
  Cm            Gm          A7         D7          Gm
E a ximangada, sambava, bebia e saculejava, dia e noite, noite e dia
      D7        Gm        D7
No barracão, quando a gente batucava
  G7          Cm         D7   Gm D7 Gm
Essa Cuíca malvada, chorava como ela só,
              D7        Gm     D7
Pois ela gostava demais do meu rite
  G7            Cm        A7              Eb7  D7
E bem baixinho gemia, gemia assim, como quem tem algum dodói
    Cm          Gm              A7                           D7
Tudo aquilo era prá mim, gemia e me olhava assim, como quem diz alô my boy
    Cm          Gm             D7                  G
E eu como bom Violão, carregava no bordão, caprichava o sol maior
```

Mas um dia patrão, que horror
```
                          E7       Am
Foi o rádio que anunciou com fundo musical
         D7                                          G
Dona Cuíca de Souza com o Cavaco de Oliveira Penteado, se casô
```

Me deu uma coisa na caquéte
```
      E7                         Am
Eu ia pegá o Cavaco, o Pandeiro me falô
    D7              G
Não seja bobo não se escacha
```

Mulhé, patrão e cachaça, em qualquer canto se acha
```
       E7          Am           D7       G
Mulhé, patrão e cachaça, em qualquer canto se acha
```

Mulher, Patrão e Cachaça

Num bar - ra - cão____ da fa - ve - la do Ver - guei____ ro,____ on - de se guar - da_ins - tru - men____ to____ A - li nóis mo - ra - va_em três____ Eu Vi - o - lão da Sil - vei - ra, seu cri - a - do____ E la_a Cu - í - ca de Sou - za____ e_o Ca - va - qui____ nho de_O - li - vei - ra Pen - te - a - - do

No bar - ra - cão,____ quan - do_a gen - te ba - tu - ca____ va Es - sa Cu - í - ca mal - va____ da,____ cho - ra - - va co - mo_e - la só,____ pois e - la gos - ta - va de - mais do meu ri____ te E bem bai - xi - nho ge - mi____ a,____ ge - mi - a_as - sim,____ co - mo quem tem al - gum do - dó - - i

Copyright © 1.968 by IRMÃOS VITALE S/A INDÚSTRIA E COMÉRCIO
Todos os direitos autorais reservados para todos os países.
All Rights Reserved. International Copyright Secured.

Cm / **Gm**
Quan - do o Cava - co centra - va, e_a Cu - í - ca so - lu - ça

A7 / **D7**
_ va, eu en - tra - va de bai - xa - ri - a

Cm / **Gm**
E_a xi - man - ga - da, sam - ba va, be - bi - a e sa - cu - le -

A7 / **D7** / **Gm**
ja - va, di - a_e noi - te, noi - te_e dia

Cm 2. / **Gm**
Tu - do a - qui - lo e - ra prá mim, ge - mi - a e me_o - lha - va_as -

A7 / **D7**
sim, co - mo quem diz a - lô my boy E

Cm / **Gm**
eu co - mo bom Vi - o - lão, car - re - ga - va no bor - dão,

D7 / **G**
_ ca - pri - cha - va o sol mai - or Mas um

di - a__ pa - trão,__ que hor - ror__ Foi o rá - dio que_a-nun - ciô__

E7   Am
__ com fun - do mu - si - cal_____ Do - na__ Cu - í

        D7
__ ca de Sou__ za__ com_o Ca - va - co de_O - li - vei__ ra Pen - te - a__

        G
__ do, se ca - sô_____ Me deu u - ma coi__

                E7
__ sa na ca - qué - te__ Eu i - a pe - gá_o Ca - va - co,__ o Pan-

Am   Am   D7
dei - ro me fa - lô_____ Não se - ja bo - bo não se_es - ca__

G   E7   Am
__ cha__ Mu - lhé, pa - trão e ca - cha - ça,_em qual - quer can__

D7   G   D7   G
1.   2.
__ to se a__ cha   to__ se a__ cha

No Morro da Casa Verde

Adoniran Barbosa

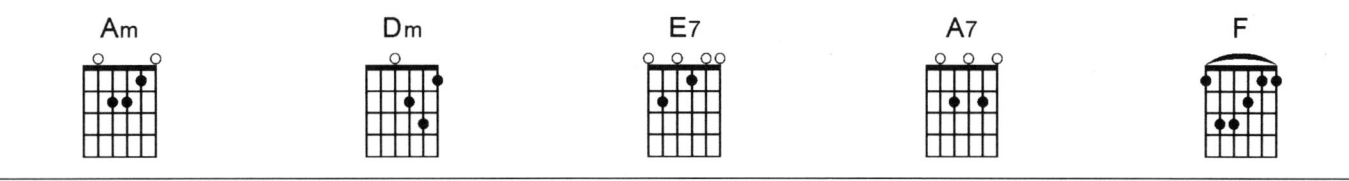

Am   Dm   E7   A7   F

Introdução : Am - Dm - Am - E7 - Am - E7

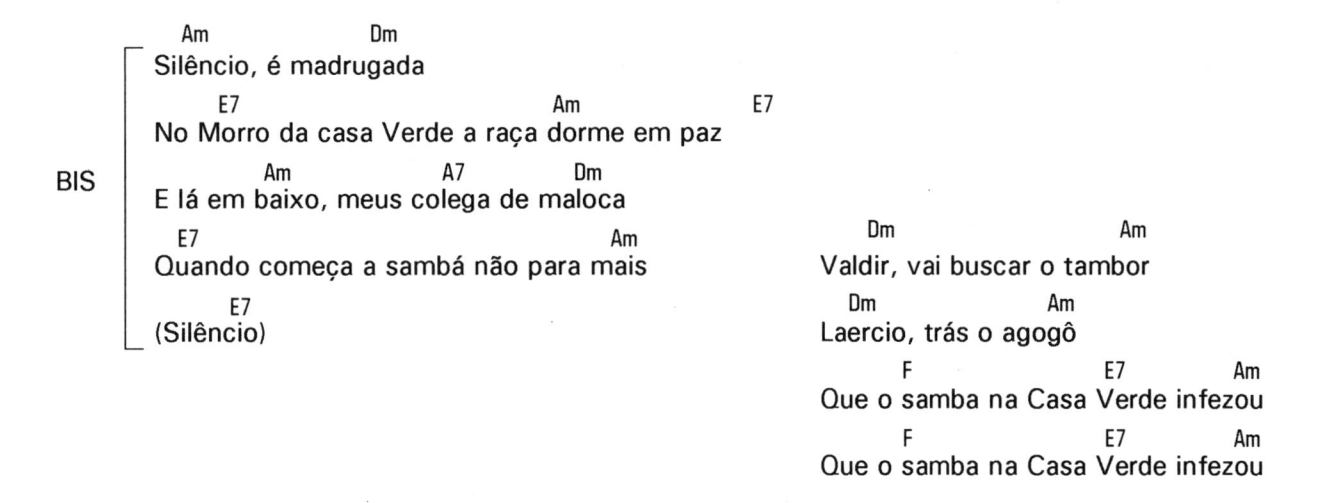

BIS
```
       Am           Dm
   Silêncio, é madrugada
       E7                        Am           E7
   No Morro da casa Verde a raça dorme em paz
       Am          A7        Dm
   E lá em baixo, meus colega de maloca
       E7                        Am
   Quando começa a sambá não para mais
       E7
   (Silêncio)
```

```
   Dm                 Am
Valdir, vai buscar o tambor
   Dm              Am
Laercio, trás o agogô
   F           E7        Am
Que o samba na Casa Verde infezou
   F           E7        Am
Que o samba na Casa Verde infezou
```

No Morro da Casa Verde

introdução

voz

Si

Copyright © 1.959 by IRMÃOS VITALE S/A INDÚSTRIA E COMÉRCIO
Todos os direitos autorais reservados para todos os países.
All Rights Reserved. International Copyright Secured.

No Morro da Casa Verde

lên - cio, é ma-dru-ga - da No Mor - ro da ca-sa Ver-de_a ra-ça dor-me_em paz E lá_em bai - xo, meus co - le - ga de ma - lo ca - Quan-do co-me-ça_a sam-bá não pa-ra mais (Si-lên-cio) Si- Val - dir, vai bus-car o tam - bor La - er - cio, trás o a-go-gô Que_o sam - ba na Ca-sa Ver-de_in-fe-zou Que_o sam - ba na Ca-sa Ver-de_in-fe-zou Si -

Ao 𝄋 e FIM

FIM

Prova de Carinho

Adoniran Barbosa
Hervé Cordovil

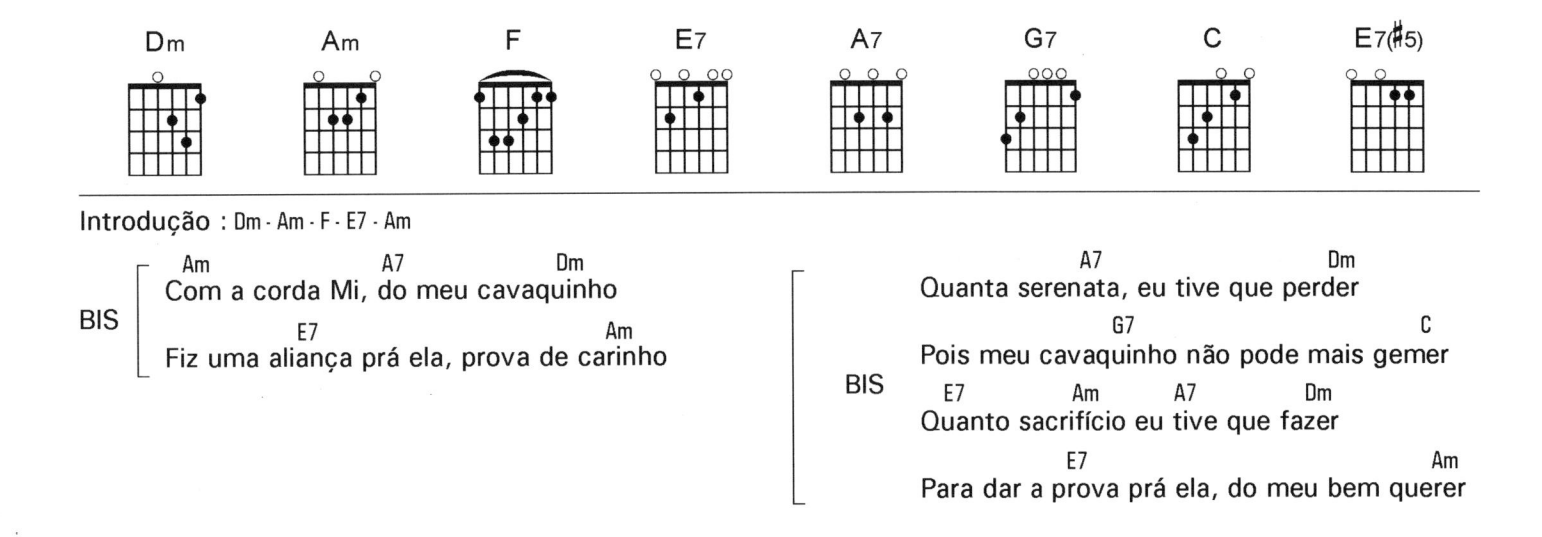

Dm   Am   F   E7   A7   G7   C   E7(#5)

Introdução : Dm - Am - F - E7 - Am

BIS
```
     Am           A7         Dm
  Com a corda Mi, do meu cavaquinho
     E7                      Am
  Fiz uma aliança prá ela, prova de carinho
```

BIS
```
            A7                    Dm
  Quanta serenata, eu tive que perder
            G7                       C
  Pois meu cavaquinho não pode mais gemer
     E7      Am       A7         Dm
  Quanto sacrifício eu tive que fazer
            E7                       Am
  Para dar a prova prá ela, do meu bem querer
```

Prova de Carinho

Dm   Am   F   E7   Am

Am   A7   Dm
Com a cor—da Mi,_____ do meu ca—va-qui___nho___

                    E7   Am
Fiz u-ma a_li-an___ça prá e-la, pro-va de__ca-ri___nho___

Am   A7   Dm
Quan-ta se—re—na___ta,___ eu ti-ve que__per—der___

```
         G7                                    C
Pois meu cavaquinho não pode mais gemer

E7(#5)        Am              A7              Dm
Quanto sacrifício eu tive que fazer

              E7                              Am
Para dar a prova prá ela, do meu bem querer           Ao 𝄋 e FIM
```

Samba do Arnesto

Adoniran Barbosa
Alocin

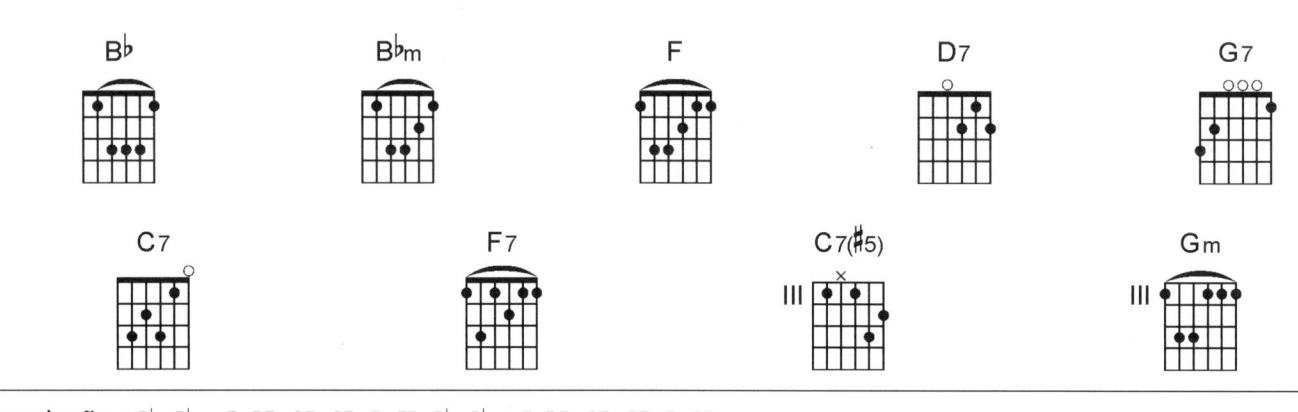

Chord diagrams: Bb, Bbm, F, D7, G7, C7, F7, C7(#5), Gm

Introdução : Bb - Bbm - F - D7 - G7 - C7 - F - F7 - Bb - Bbm - F - D7 - G7 - C7 - F - C7

BIS
```
         (no chord)
         O Arnesto nos convidô, prá um samba ele mora no Bráz
         C7(#5)    F          D7        Gm    D7
         Nóis fumo, não incontremo ninguém
              Gm              C7         F    D7
         Nóis vortemo com uma baita de uma réiva
                  G7    C7         F
         Da outra veiz nóis não vai mais
                             C7
         (Nóis não semo tatú)
```

```
                                     C7                    F
                                     Noutro dia encontremo com o Arnesto
                                     C7                         F
                                     Que pediu desculpas mas nóis não aceitemos
                                     D7      Gm        C7          F
                                     Isso não se faz Arnesto, nóis não se importa
                                     D7      Gm              C7          F
                                     Mas você devia ter punhado um recado na porta
```

Samba do Arnesto

nes-to nos con-vi-dô, prá um sam___ ba e le mo-ra no Bráz___ Nóis fu___

___mo, não in-con-tre-mo___ nin-guém___ Nóis vor-te___ mo com u-ma

bai-ta de u___ma réi___va Da ou-tra veiz___

nóis não___ vai mais___ (Nóis não se-mo ta-tú) O Ar Nou-tro di___

a en-con-tre-mo com o Ar-nes-to Que pe-diu des-cul-pas mas nóis não a-cei-te-mos

Is-so não se faz Arnesto, nóis não se importa... Mas você devi_ a ter punhado um recado na porta FIM

Ao 𝄋 e FIM

O Ar-

Samba Italiano

Adoniran Barbosa

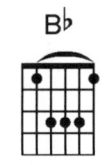

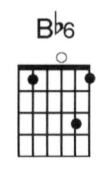

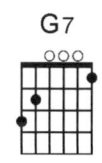

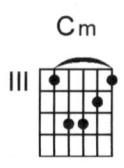

Bb   Bb6   G7   Cm   F7

Declamando:

Gioconda pechina mia, vá brincare nil mare, nil fundo.

Má atencione com o tubarone, visto?

A capitto meu São Benedito

BIS
| Bb   Bb6
Piove, piove
| G7   Cm
Fá tempo que piove quá, Gigi
| F7
E io, sempre io
| Cm
Sotto la tua finestra
| F7   Cm
Se voi senza me sentire
| F7   Cm
Ridere, ridere, ridere
| F7   Bb F7
Di questo infelice qui

Bb   Cm   F7   Bb6
Ti ricordi Gioconda di quella sera in Guarujá
Cm   F7   Bb
Quando il mare ti portava via
          Cm   F7   Bb
Que me chiamaste Aiuto Marcello
          Cm   F7   Bb
La tua Gioconda a paúra di questonda

Samba Italiano

Pio - ve,____ pio - ve____ Fá tem____po que pio - ve quá, Gi - gi____ E i o,____ sem____pre i____ o____ Sot - to la tua fi - nes____tra____ Se voi____ sen - za me sen - ti____ re____ Ri - de - re, ri - de - re, ri - de - re Di ques - to_in - fe - li - ce qui____

1.
2. Ti ri - cor - di____ Gio - con____da di quel - la se - ra_in Gua - ru - já____ Quan - do_il ma____re____ ti por - ta - va vi____ a____ Que me chia - mas____

Copyright © 1.965 by IRMÃOS VITALE S/A INDÚSTRIA E COMÉRCIO
Todos os direitos autorais reservados para todos os países.
All Rights Reserved. International Copyright Secured.

```
                  Cm        F7              Bb
♪ _te  A-iu-to__ Mar-cel__lo__  La  tua__ Gio-con__

                  Cm        F7              Bb
♪ _da  a pa-ú-ra di ques-ton__da__   Ao %S e FIM
                                            FIM
```

Saudosa Maloca

Adoniran Barbosa

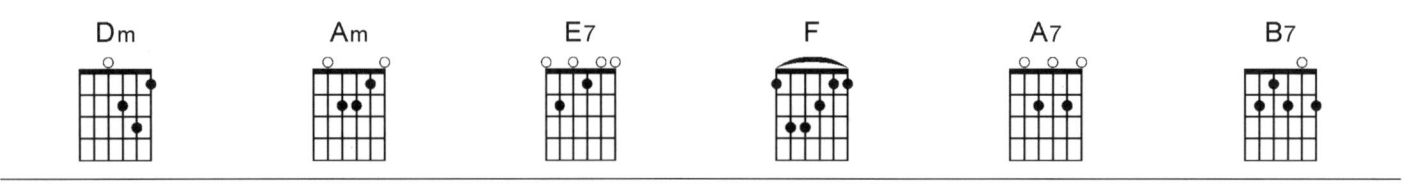

[Chord diagrams: Dm, Am, E7, F, A7, B7]

Introdução : Dm - Am - E7 - F - E7 - Am - E7 - Am

Am E7 Am
Se o sinhô não tá lembrado
 E7 Am
Da licença de contá
 A7
Que aqui onde agora está esse edifício arto
       Dm
Era uma casa velha um, palacete assobradado
        Am
Foi aqui seu moço que eu Mato-Grosso e o Joca
 B7 E7
Construimo nossa maloca
 A7   Dm
Mas um dia, nós nem pode se alembrá
     Am
Venho os homem com as ferramenta
  E7 Am
O dono mandou derrubar

    E7 Am
Peguemo todas nossas coisa
 A7   Dm A7
E fumo pro meio da rua, apreciá a demolição
 Dm Am
Que tristeza que nós sentia
    B7 E7
Cada tauba que caía, doía no coração
      Am
Mato-Grosso quis gritar, mas em cima eu falei
 A7   Dm A7
Os home tá com a razão, nóis arruma outro lugar
 Dm Am
Só se conformemo quando o Joca falou
 B7 E7
Deus dá o frio conforme o cobertor
 Dm   Am
E hoje nóis pega as paia nas grama dos jardim
 B7 E7 Am
E prá esquecer nóis cantemo assim:

REFRÃO
  Dm Am
BIS [Saudosa maloca, maloca querida
   F E7 Am
  [Dim, dim, donde nóis passemo dias feliz de nossa vida

Saudosa Maloca

introdução

(Dm) (Am) (E7) (F) (E7) (Am) (E7) (Am)

voz

Se o si- nhô não tá lembrado Da licença de contá Que aqui onde agora está esse edifício ar- to Era uma casa velha um, palacete assobradado Foi aqui seu moço que eu, Mato-Grosso e o Joca Construímo

(E7) (Am) (E7) (Am) (A7) (Dm) (Am) (B7)

Copyright © 1.955 by IRMÃOS VITALE S/A INDÚSTRIA E COMÉRCIO
Todos os direitos autorais reservados para todos os países.
All Rights Reserved. International Copyright Secured.

nos-sa ma-lo-ca Mas um di-a, nós nem po-de se a-lem-brá Venho os homem com as fer-ra-men-ta O do-no man-dou der-ru-bar Pe-gue mo to-das nos-sas coi-sa E fu-mo pro me-io da ru-a, a-pre-ci-á a de-mo-li-ção Que tris-te-za que nós sen-ti a Ca-da tau-ba que ca-í a, do-í a no co-ra-ção Ma-to-Gros-so quis gri-tar, mas em ci-ma eu fa-lei Os ho-me tá com a ra-zão, nóis ar-ran

ja ou___ tro lu - gar___ Só se con - for - me___ mo___
quan - do_o Jo - ca fa - lou Deus dá___ o fri___ o___ con -
for - me_o co - ber tor___ E ho___ je nóis___ pe - ga_as pai___ a___ nas
gra - ma dos___ jar - dim___ E prá_es - que - cer___ nóis can -
te - mo___ as - sim:___ Sau - do - sa ma - lo - ca,___ ma - lo - ca que -
ri - da Dim, dim, don - de nóis___ pas - se___ mo dias___ fe - liz___
___ de nos - sa vi - da___ Sau - do___ sa ma

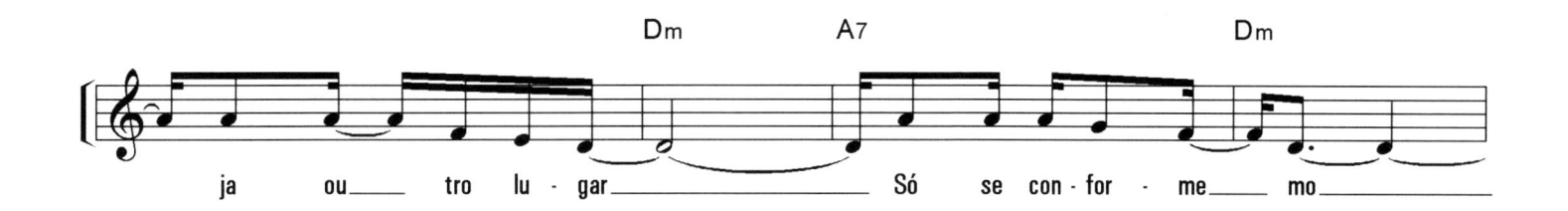

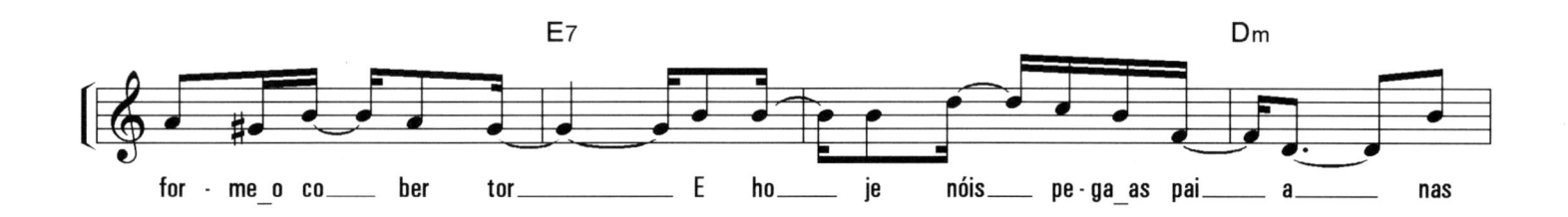

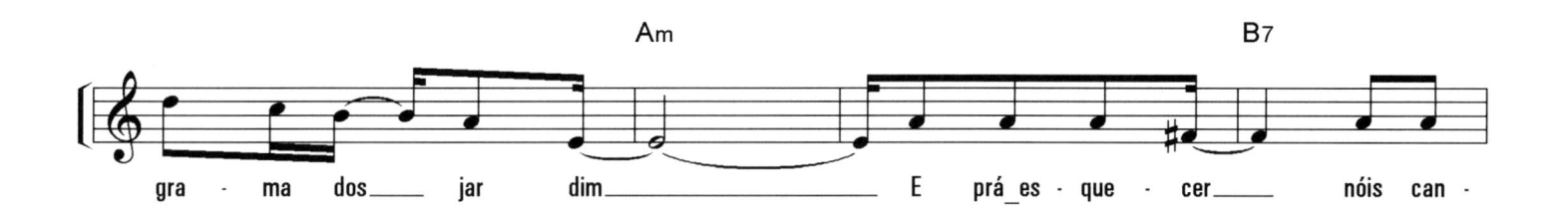

refrão

refrão várias vezes em fade out

Tiro ao Álvaro

Adoniran Barbosa
Oswaldo Moles

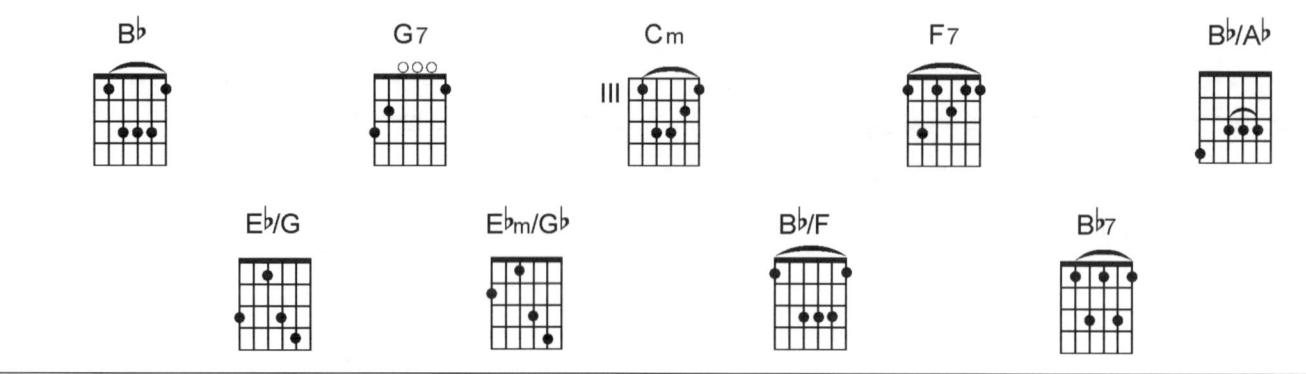

Introdução : B♭

             G7   Cm
De tanto levá, flexada do teu olhar
     F   B♭   B♭/A♭
Meu peito até parece sabe o que
 E♭/G   E♭m/G♭ B♭/F   G7
Táubua de tiro ao Álvaro
       Cm   F7   B♭
Não tem mais onde furar
        F7
(Não tem mais)

         Cm   F7   B♭
Teu olhar mata mais do que bala de carabina
         G7   Cm   F7   B♭   B♭7
Que veneno estriquinina, que peixeira de baiano
    E♭/G   E♭m/G♭   B♭   G7
Teu olhar mata mais que atropelamento de automóver
     Cm   F7   B♭
Mata mais que bala de revórver

Cantarolando:

B♭7 - E♭/G - E♭m/G♭ - B♭/F - G7 - Cm - F7 - B♭   (2 vezes)

Tiro ao Álvaro

Copyright © 1.960 by SERESTA EDIÇÕES MUSICAIS LTDA - 100%
Todos os direitos autorais reservados para todos os países.
All Rights Reserved. International Copyright Secured.

B♭ B♭/A♭ E♭/G E♭m/G♭
re - ce sa - be_o que Táu - bua de ti - ro_ao Ál
B♭/F G7 Cm F7
va - ro Não tem mais on - de fu -
B♭ F7 B♭ Cm
1. 2.
rar (Não tem mais) De rar Teu o - lhar ma - ta mais do que
F7 B♭ G7
ba - la de ca - ra - bi na Que ve - ne - no_es - tri - qui - ni
Cm F7 B♭ B♭7
na, que pei - xei - ra de bahi - a no Teu o -
E♭/G E♭m/G♭ B♭ G7
lhar ma - ta mais que_a - tro - pe - la - men to de_au - to - mó - ver Ma - ta mais
Cm F7 B♭ F7
que ba la de re - vór ver De
Ao 𝄋 e 𝄌
B♭7 E♭/G E♭m/G♭ B♭/F G7 Cm F7 B♭ B♭
1. 2.
ver

Torresmo à Milanesa

Adoniran Barbosa
Carlinhos Vergueiro

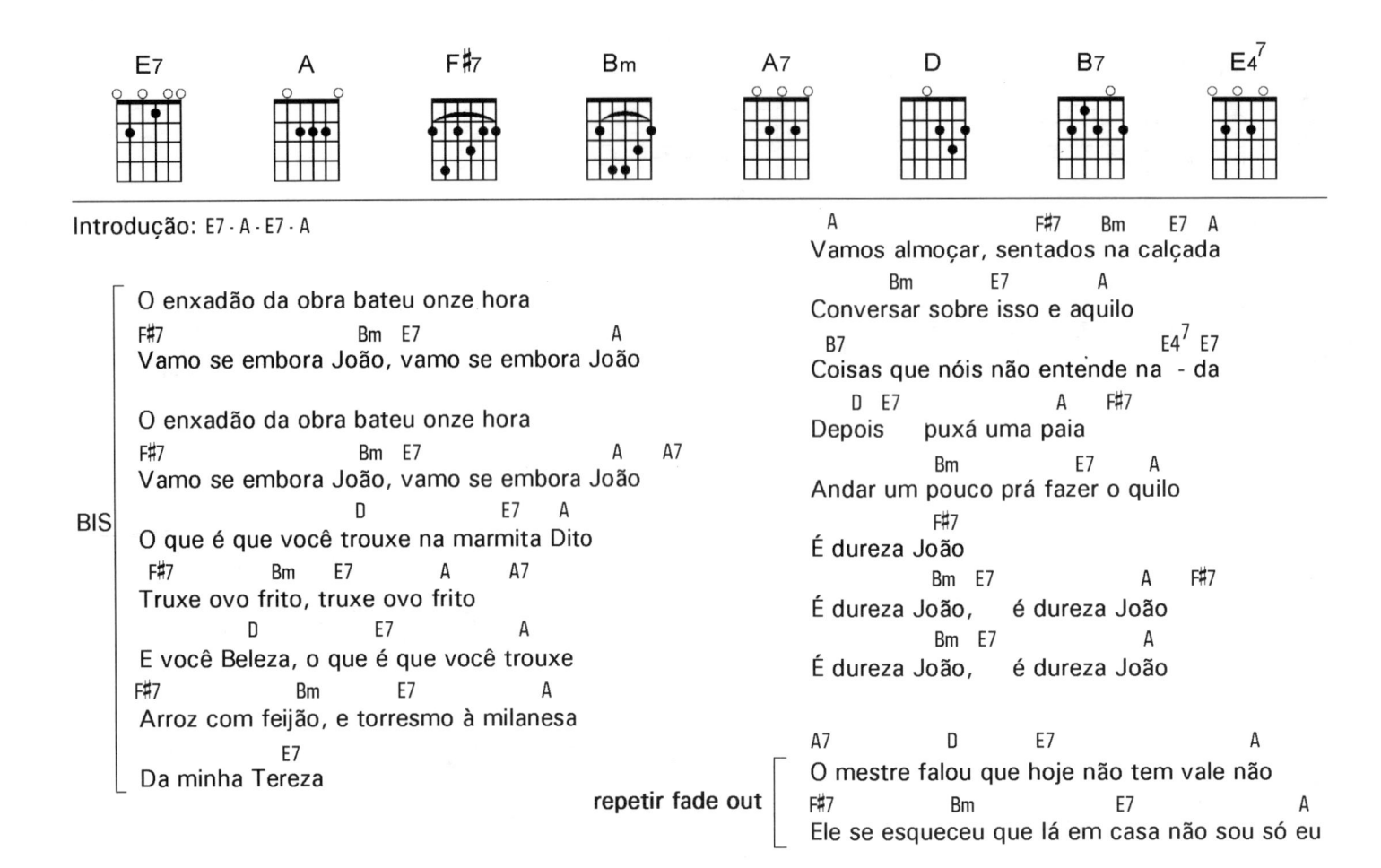

[Chord diagrams: E7, A, F#7, Bm, A7, D, B7, E4⁷]

Introdução: E7 - A - E7 - A

BIS
    O enxadão da obra bateu onze hora
    F#7   Bm   E7   A
    Vamo se embora João, vamo se embora João

    O enxadão da obra bateu onze hora
    F#7   Bm   E7   A   A7
    Vamo se embora João, vamo se embora João
            D   E7   A
    O que é que você trouxe na marmita Dito
    F#7   Bm   E7   A   A7
    Truxe ovo frito, truxe ovo frito
            D   E7   A
    E você Beleza, o que é que você trouxe
    F#7   Bm   E7   A
    Arroz com feijão, e torresmo à milanesa
                  E7
    Da minha Tereza

        A   F#7   Bm   E7   A
Vamos almoçar, sentados na calçada
     Bm   E7   A
Conversar sobre isso e aquilo
    B7   E4⁷ E7
Coisas que nóis não entende na - da
    D E7   A   F#7
Depois   puxá uma paia
        Bm   E7   A
Andar um pouco prá fazer o quilo
     F#7
É dureza João
     Bm   E7   A   F#7
É dureza João,   é dureza João
     Bm   E7   A
É dureza João,   é dureza João

repetir fade out
    A7   D   E7   A
    O mestre falou que hoje não tem vale não
    F#7   Bm   E7   A
    Ele se esqueceu que lá em casa não sou só eu

Torresmo à Milanesa

[Musical notation: introdução in 2/4, violão (bordão), then voz section with lyrics "O en-xa-dão da o - bra ba-teu"]

Copyright © 1979 by SISTEMA GLOBO DE EDIÇÕES MUSICAIS LTDA - 100%
Todos os direitos autorais reservados para todos os países.
All Rights Reserved. International Copyright Secured.

F♯7 Bm
_ on__ ze ho__ ra__ Vamo se_em - bo - ra Jo - ão,
E7 A A A7
1. 2.
vamo se_em - bo - ra Jo - ão__ ão__ O_que é que vo - cê trou__
D E7 A F♯7
_ xe na mar - mi__ ta Di - to__ Tru - xe o - vo fri__
Bm E7 A A7
_ to,__ tru - xe o - vo fri__ to__ E vo - cê Be -
D E7 A F♯7
le - za,_o que é que vo__ cê trou__ xe__ Ar - roz com fei - jão__
Bm E7 A
_ e tor - res - mo_à mi__ la - ne__ sa Da mi - nha Te -
E7
re - za_O_en - xa - dão da
Ao 𝄋 e 𝄌
E7 A
re - za Va - mos
F♯7 Bm
al - mo - çar,__ sen - ta - dos na cal -

ça - da Con - ver - sar___ so - bre is - so e___ a - qui___
_ lo___ Coi - sas que nóis não_en - ten___ de na___
da De - pois___ pu - xá_u ma pai___ a___
An - dar___ um pou___ co prá fa - zer o qui - lo_É du - re - za Jo -
ão É du - re - za Jo - ão, é du - re - za Jo - ão
É du - re - za Jo - ão, é du - re - za Jo - ão
O mes - tre___ fa - lou___ que ho - je não tem va - le não___
E - le se_es - que - ceu___ que lá_em ca - sa não sou só eu___

Trem das Onze

Adoniran Barbosa

[Chord diagrams: Em, Bm, F#7, B7, G]

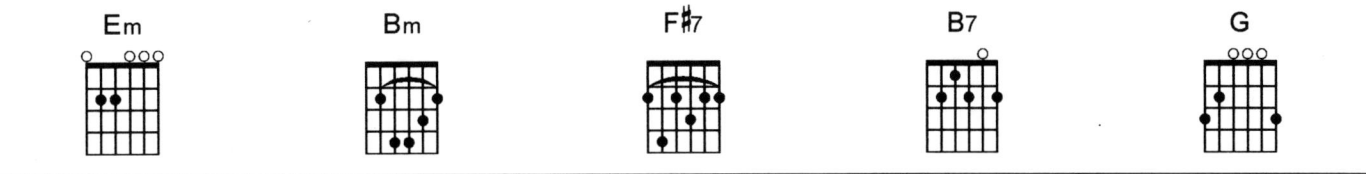

Introdução : Em - Bm - F#7 - Bm - F#7

BIS
```
            Bm                                      F#7  Bm
     Não posso ficar nem mais um minuto com você
      F#7      Bm                         F#7   B7
     Sinto muito amor, mas não pode ser
       Em         Bm
     Moro em Jaçanã
                            G                F#7
     E se eu perder este trem, que sai agora as onze horas
                     Bm
     Só amanhã de manhã
        B7                              Em
     E além disso mulher, tem outra coisa
                       G                        F#7
     Minha mãe não dorme enquanto eu não chegar
      Em      Bm           F#7     Bm                       F#7
     Sou filho único, tenho minha casa prá olhar
                                              (Eu não posso ficar)
```

Trem das Onze

[Sheet music notation with chords Em, Bm, F#7, Bm, F#7, Bm]

Não pos - so fi - car nem mais um mi -

Copyright © 1.964 by IRMÃOS VITALE S/A INDÚSTRIA E COMÉRCIO
Todos os direitos autorais reservados para todos os países.
All Rights Reserved. International Copyright Secured.

nu-to com vo-cê_____ Sin-to mui___to a-mor,___ mas não po-de ser___ Mo-ro___ em Ja___ça-nã___ Se eu per-der es-te trem, que sai a go-ra às on-ze ho___ras___ Só a ma-nhã de___ ma-nhã_____ E a-lém dis___so mu-lher, tem ou-tra coi___sa___ Mi-nha mãe___ não dor-me en-quan-to eu não che-gar_____ Sou fi___lho ú-ni-co,_____ te-nho mi-nha ca-sa prá o-lhar e eu não pos-so fi-car Não pos-so fi

Ao 𝄋 e 𝄌

Um Samba no Bixiga

Adoniran Barbosa

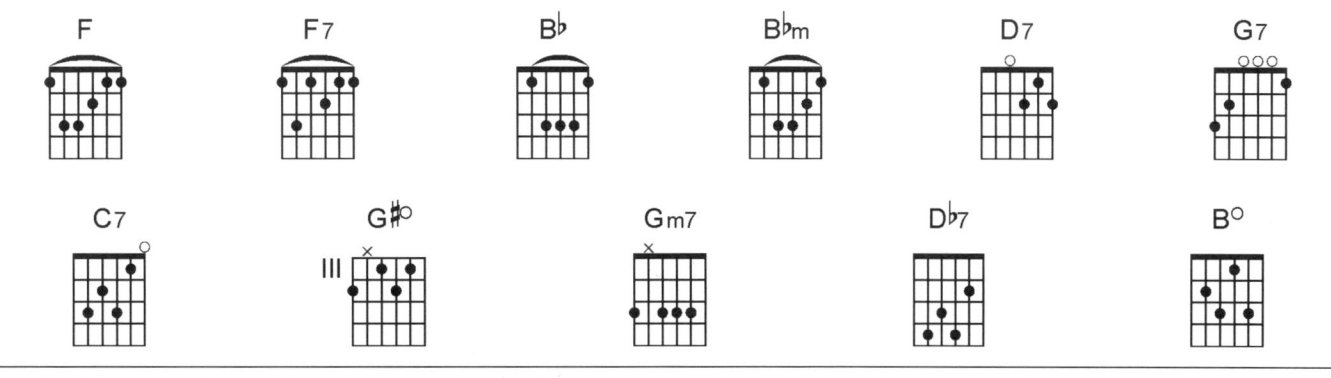

Introdução : F - F7 - Bb - Bbm - F - D7 - G7 - C7 - F - F7 - Bb - Bbm - F - C7 - F

```
         F                  G7   C7    F
BIS      Domingo nóis fumo num samba no Bixiga
                       G#°  Gm
         Na rua Majó, na casa do Nicola

         A meza nóte ao cloc
                    C7         F
         Saiu uma baita duma briga
                  D7         Gm
         Era só pizza que avuava
           C7           F   D7  Db7
         Junto com as brachola
         C7            F   D7  Db7
         Nóis era estranho no lugar
         C7                F
         E não quisemos se metê


           D7       Gm      C7         F    F7
         Não fumo lá prá brigá, nóis fumo lá prá comê
                   Bb           C7     F
         Na hora "h" se enfiemo numa mesa
              D7      Gm              C7    F   F7
         Fiquemo alí de beleza vendo o Nicola brigá
              Bb                B°       F
         Dalí a pouco escuitemo a patrulha chegá
                     D7     Gm    C7
         E o sargento Oliveira falá
                   F
         Não tem importância
              C7              F
         Vou chamar duas imbulancia


         (Breque / falado)

         Calma pessoal, a situação tá muito sínica

         Os mais pió vai prás Clínica
```

Um Samba no Bixiga

introdução

Do - min - go nóis fu - mo num sam - ba no Bi - xi ga
Na ru - a Ma - jó, na ca - sa do Ni - co la
A me - za nó - te ao cloc Saiu u - ma bai - ta du - ma bri - ga E - ra só

Copyright © 1.956 by IRMÃOS VITALE S/A INDÚSTRIA E COMÉRCIO
Todos os direitos autorais reservados para todos os países.
All Rights Reserved. International Copyright Secured.

piz - za que a - vu - a___ va___ Jun - to com as___ bra - cho___ la

Nóis e - ra es - tra - nho no___ lu - gar___ E não qui - se - mos se___ me - tê___

_ Não fu - mo lá prá bri - gá, nóis fu - mo lá prá co -

mê___ Na ho___ ra "h"___ se en - fi - e - mo nu - ma___ me - sa

_ Fi - que - mo a - lí de___ be - le - za ven - do o Ni - co - la___ bri - gá___

_ Da - lí___ a pou - co es - cui - te - mo a pa - tru - lha___ che - gá___

_ E o sar - gen - to O - li - vei - ra___ fa - lá_____ Não tem im - por - tân -

_ cia___ Vou cha - mar du - as im - bu - lan - cia___

D.C. e FIM (Breque / falado)
Calma pessoal, a situação
tá muito sínica
Os mais pió vai prás Clínica

Viaduto Santa Efigênia

Adoniran Barbosa
Alocin

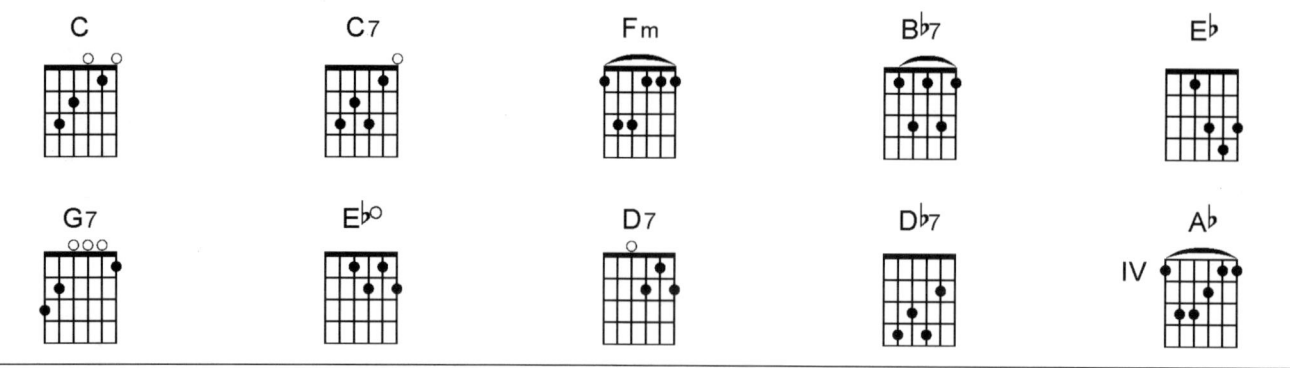

```
     Cm   C7  Fm   Bb7         Eb    G7
Venha ver, venha ver Eugênia
     Cm           Fm        G7          Cm
Como ficou bonito, o Viaduto Santa Efigênia
       Fm            Cm
Foi aqui que você nasceu
       Fm         Cm   C7
Foi aqui que você cresceu
       Fm    Ebo   Cm  Fm      D7      G7
Foi aqui que você conheceu, o seu primeiro amor
         Fm                    Cm
Eu me lembro que uma vez você me disse
                     Fm        Db7      C7
Que no dia em que demolissem o viaduto
       Fm            Cm
De tristeza você usava luto
              Ab                   G7       C7
Apanhava sua mudança e ia embora pro interior
```

REFRÃO
```
 Fm    Bb7   Eb  G7 Cm                    G7
Quero ficar ausente, o que os olhos não vêm,
                       Cm
o coração não sente
 Fm    Bb7   Eb  G7 Cm                    G7
Quero ficar ausente, o que os olhos não vêm,
                       Cm
o coração não sente
```
                repetir fade out

Viaduto Santa Efigênia

Ve - nha ver,___ ve - nha ver___ Eu - gê___ nia___
Co - mo fi - cou___ bo - ni___ to,___ o Vi - a - du___

Copyright ©1.979 by SERESTA EDIÇÕES MUSICAIS LTDA - 100%
Todos os direitos autorais reservados para todos os países.
All Rights Reserved. International Copyright Secured.

... to Santa Efigênia. Foi aqui que você nasceu, foi aqui que você cresceu, foi aqui que você conheceu o seu primeiro amor. Eu me lembro que uma vez você me disse que no dia em que demolissem o viaduto de tristeza você usava luto. Apanhava sua mudança e ia embora pro interior.

| Fm | B♭7 | E♭ G7 | Cm |

Que - ro fi - car ___ au - sen - te, ___ o que os o - lhos não vêm, ___

| G7 | | | Cm |

___ o co - ra - ção não sen ___ te ___

repetir várias vezes em fade out

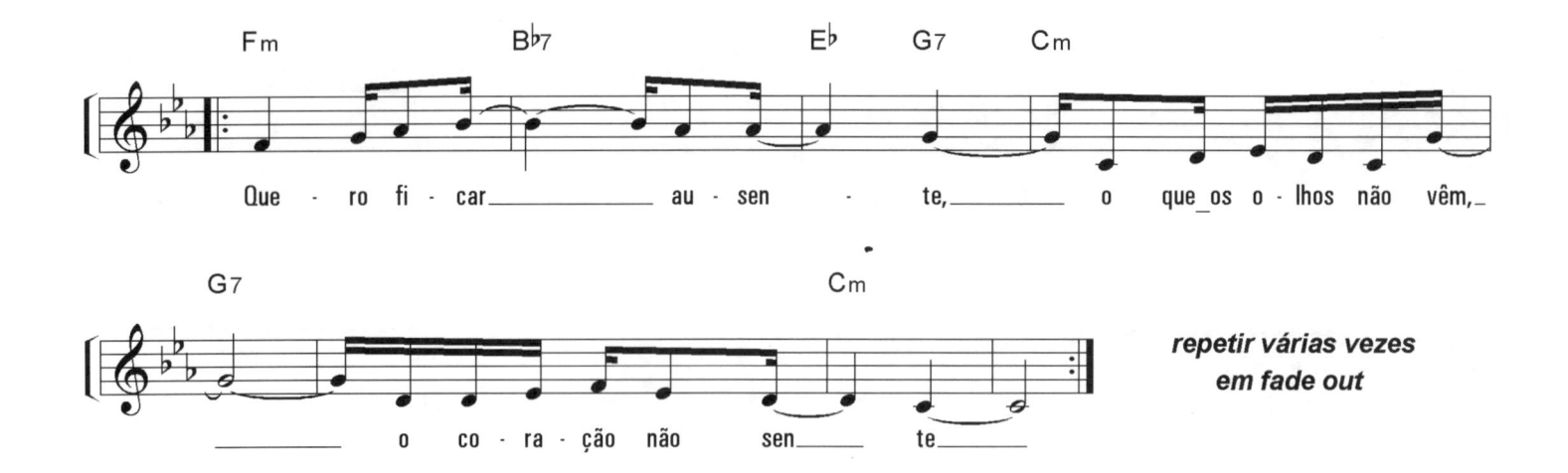

Vila Esperança

Adoniran Barbosa
Marcos César

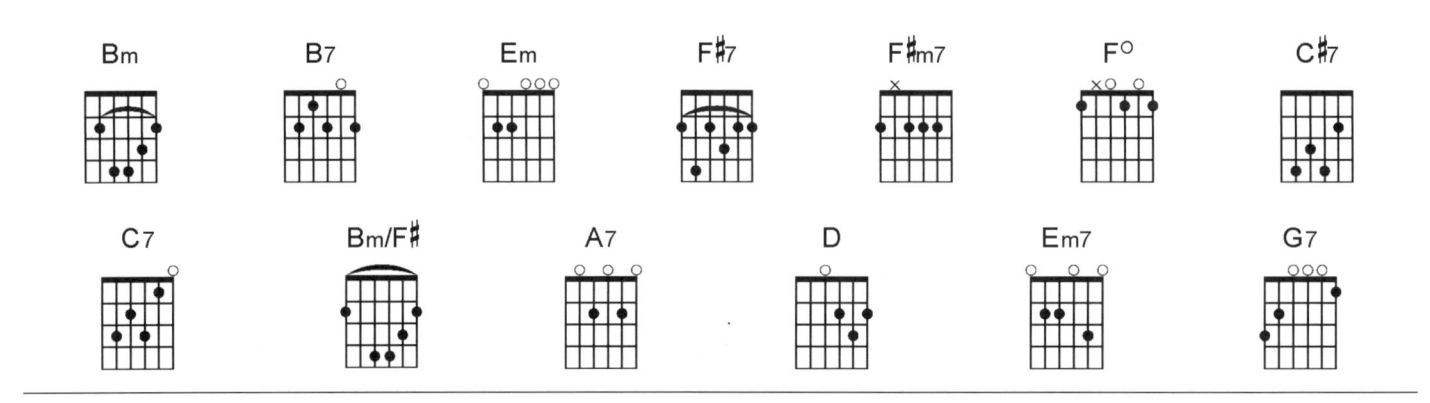

[Chord diagrams: Bm, B7, Em, F#7, F#m7, F°, C#7, C7, Bm/F#, A7, D, Em7, G7]

```
      Bm              B7           Em
Vila Esperança, foi lá que eu passei
  F#7                    Bm
O meu primeiro carnaval
  F#m7    B7                  Em
Vila Esperança, foi lá que eu conheci
        F°      C#7       F#7
Maria Rosa meu primeiro amor
  Bm             B7        Em
Como fui feliz, naquele fevereiro
        F#7           C7 B7
Pois tudo para mim era primeiro
         Em     F°     Bm/F#
Primeira Rosa, primeira Esperança
   Bm          Em        F#7    Bm
Primeiro carnaval, primeiro amor criança
```

```
          A7                   D
Numa volta do salão, ela me olhou
           F#7              C7 B7
Eu envolvi seu corpo em serpentina
        Em                     Bm
E tive a alegria que tem todo o Pierrot
        C#7                   G7 F#7
Ao ver que descobriu sua Colombina
      Em        A7             D
O carnaval passou, levou a minha Rosa
            F#7                        B7
Levou minha esperança, levou o amor criança
           Em    F°    Bm/F#        Bm
Levou minha Maria, levou minha alegria
                 Em       F#7       Bm
Levou a fantasia, só deixou uma lembrança
```

Vila Esperança

Vila Esperança, foi lá que eu passei
O meu primeiro carnaval
Vila Esperança, foi lá que eu conheci
Maria Rosa meu primeiro amor
Como fui feliz, naquele fevereiro
Pois tudo para mim era primeiro
Primeira Rosa, primeira Esperança
Primeiro carnaval, primeiro amor criança

| A7 | | | D |

Nu - ma vol - ta do sa - lão, e - la me_o - lhou

| | F#7 | | C7 | B7 |

Eu en - vol - vi seu cor_____ po_em ser - pen - ti - na E

| Em | | Bm | |

ti - ve_a a - le - gri - a que tem to - do_o Pi - er - rot Ao

| C#7 | | G7 | F#7 | Em7 |

ver que des - co - briu sua Co - lom - bi - na O car - na - val pas -

| A7 | | D | |

sou, le - vou a mi - nha Ro - sa Le - vou mi - nha_es - pe -

| F#7 | | B7 | Em |

ran - ça, le - vou o_a - mor cri - an - ça Le - vou mi - nha Ma -

| F° | Bm/F# | Bm | |

ri - a, le - vou mi - nha_a - le - gri - a Le - vou a fan - ta -

| Em | F#7 | Bm | |

si - a, só dei - xou u - ma lem - bran - ça_____